Andreas Ziemer · Susanne Drewniok (Hg.)

Das Christentum –
Eine Lernstraße

Kopiervorlagen für die 4. bis 6. Klasse

Unter Mitarbeit von

Susanne Drewniok
Elisabeth von Gynz-Rekowski
Gabriele Kujawsky
Beate Ruckdeschel
Ulrich Stabe
Simone Tegtow
Christine Werner
Annette Westermann
Andreas Ziemer

Vandenhoeck & Ruprecht

2. Auflage

Bibliografische Information der Deutschen Naionalbibliothek

Die Deutsche Nationalbibliothek verzeichnet diese Publikation in der Deutschen Nationalbibliografie;
detaillierte bibliografische Daten sind im Internet über http://dnb.d-nb.de abrufbar.

ISBN 978-3-525-77629-2

Umschlagabbildung und Illustrationen: Rebecca Meyer

Inhalt

Zum Sinn und Gebrauch dieses Materials

In allen bundesdeutschen Rahmenrichtlinien und Lehrplänen für die Grundschule und die Sekundarstufe I begegnet man Unterrichtsthemen, die sich mit den großen Religionen der Menschheit auseinandersetzen, die nach Gemeinsamkeiten und Unterschieden fragen und die untersuchen, welchen Beitrag die Religionen für das Leben der Menschen leisten können. Als Basis aller Vergleichsarbeit dient dabei in der Regel das Christentum. So wird die Bar Mizwa mit Hilfe der Konfirmation oder Erstkommunion erläutert und der Aufbau einer Moschee muss sich am Grundriss einer Kirche messen lassen.

Geht man von der gegenwärtigen religiösen Sozialisation der Schülerinnen und Schüler aus, dann wird deutlich, wie schwierig solch ein Vorgehen ist. Die größten Teile der Schülerschaft wachsen in einer Welt auf, in denen das Christentum in Gestalt von Gebäuden, Festen und einzelnen Personen zwar wahrgenommen werden kann, in der Regel aber gar nicht bemerkt wird. Die Religion Christentum ist längst in einer christlich geprägten Kultur aufgegangen. Was christlich ist am Abendland, kann kaum benannt werden. Eine religiöse Sensibilität ist nicht vorhanden, weil die Schülerinnen und Schüler selbst keine Religion leben oder vorgelebt bekommen.

Ziel dieser Stationsarbeit ist es daher, Schülerinnen und Schülern eine Erstbegegnung mit dem Christentum zu ermöglichen. Sie lernen Grundstrukturen kennen und entdecken interne Verknüpfungen. Die medial bedingte Distanz ermöglicht einen angst- und vorurteilsfreien Umgang mit einer Religion, auf der noch heute der Verdacht des „Opiums" liegt.

Das Christentum wird aus westeuropäischer Perspektive betrachtet, bestimmte Bereiche treten deshalb zurück. So wird der christliche Missionsgedanke auf die paulinischen Missionsreisen beschränkt und die Frage nach den Konfessionen beschränkt sich auf die römisch-katholische Kirche und die evangelischen Kirchen, die im Zuge des 16. Jahrhunderts in Europa entstanden.

Methodisch bietet die Stationsarbeit die Möglichkeit, dass sich die Schülerinnen und Schüler das Thema selbstständig erarbeiten, in Partner oder Kleingruppenarbeit aktiv werden und sich ein grundlegendes Material anlegen, mit dem in vielen anderen Zusammenhängen und Fächern weiter gearbeitet werden kann.

Das Material umfasst 16 Stationen, die ein Kind bzw. ein Team ca. 45 Minuten lang bearbeiten kann. Die Aufgabenkarten weisen dabei den Weg durch die zugeordneten Materialien. Die Ergebnisse werden in einem Ordner oder Heft festgehalten.

Die Stationen sind in sich geschlossen und daher frei kombinierbar.

In der Praxis wird vermutlich nicht jedes Kind jede Station bearbeiten (das wäre ein Drittel des Schuljahrs!), sondern Sie werden vielleicht vier Stationen verbindlich machen – 1, 2, 3, 4 oder 1, 2, 3, 8 – und weitere Stationen fakultativ; die „Checkliste" auf Seite 6 stellt hierzu einen Vorschlag dar.

Die Kinder wählen selbst oder Sie verteilen die Kinder/Gruppen so, dass aufs Ganze gesehen keine Station unbearbeitet bleibt. Sie können dann eine ausführliche Phase des Auswertens anschließen, in der die Ergebnisse aller Stationen allen Kindern präsentiert werden.

Auf den Seiten 63-64 finden sich Karten für eine Fachbegriffe-Kartei Christentum. Sie sollten ausgeschnitten und in einem Karteikasten bereitgestellt werden. Die Kinder können sich dort während der Stationenarbeit selbstständig Zusatzinformationen beschaffen.

Empfehlenswert ist die Anschaffung eines Klassensatzes „Reli - Schlag nach. Für Konfis, Schülerinnen und Schüler" (Göttingen 2008, ISBN 978-3-525-61017-6).

Checkliste: Das Christentum

Name: _____   Klasse: _____

Mein Team: _____

Pflichtthemen. Diese Themen müssen in den ersten Stunden erarbeitet werden:

Station	Thema	Erledigt/Datum	Kontrolliert von
1	Bibel		
2	Jesus		
3	Gott		
4	Zehn Gebote		

Wahlpflichtthemen. Drei der folgenden Themen müssen bearbeitet werden:

Station	Thema	Erledigt/Datum	Kontrolliert von
5	Bergpredigt		
6	Kirchengebäude		
7	Abendmahl		
8	Vaterunser		
9	Passion und Ostern		
10	Weihnachten		
11	Taufe		
12	Tod und Trauer		

Zusatzthemen. Diese Themen ergänzen deinen Blick auf das Christentum:

Station	Thema	Erledigt/Datum	Kontrolliert von
13	Ausbreitung		
14	Schuld		
15	Christen in Deutschland		
16	Diakonie		
16	Konfessionen		

Station 1: Wer hat die Bibel geschrieben?

M 1.1: Lies den Text „Der Aufbau der Bibel" und markiere dabei wichtige Informationen.

M 1.2: Der Info-Text zur Bibel ist durcheinander geraten. Ordne jedem Satzanfang den richtigen Schluss zu und schreibe den Text in dein Heft.

M 1.3.: Lies den Text „Die Entstehung der Bibel". Markiere in jedem Abschnitt wichtige Fakten und Zahlen.

Nimm ein Din-A4-Blatt quer und zeichne einen Zeitstrahl von 1700 v. Chr. bis 400 n. Chr. (siehe Skizze). Zeichne ein:

a) Darüber: Wann ist das Alte Testament entstanden? In welchen Schritten?

b) Darunter: Wann ist das Neue Testament entstanden? In welchen Schritten?

Das Wort „Bibel" stammt aus der griechischen Sprache und bedeutet „die Bücher". Die Bibel ist eine Sammlung von 66 Büchern verschiedenen Inhalts, die während eines langen Zeitraums entstanden sind. In der Bibel erzählen die Menschen von ihren Erfahrungen, die sie mit Gott gemacht haben. Für viele ist sie das wichtigste Buch. Die Bibel besteht aus zwei Teilen, dem Alten und dem Neuen Testament.

Im Alten Testament wird die Geschichte von Gott und den Menschen vor der Geburt Jesu erzählt. Die fünf Bücher Mose gehören dazu, viele Prophetenbücher, aber auch ein Liederbuch – die Psalmen. Diese Bücher bilden den älteren Teil der Bibel, der in hebräischer Sprache aufgeschrieben wurde. Für die Juden ist es ihre ganze heilige Schrift - die Tora.

Das Neue Testament wurde auf Griechisch geschrieben. Es berichtet von Jesus und den ersten christlichen Gemeinden. In diesem Teil finden sich unter anderem die Evangelien, die Briefe von Paulus und ein prophetisches Buch - die Offenbarung.

Vor ungefähr 500 Jahren hat Martin Luther die Bibel ins Deutsche übersetzt. Von da an konnten nicht nur Sprachgelehrte in der Bibel lesen.

Mittlerweile wurde die Bibel in über 1600 Sprachen übersetzt. Sie ist in fast allen Ländern der Welt zu Hause und damit das meistgelesene Buch der Erde. Es gibt Bibelausgaben für Erwachsene und viele unterschiedliche Kinderbibeln.

Bibel-Info M 1.2

Das Wort Bibel stammt aus der griechischen Sprache und ...	von Jesus und den ersten christlichen Gemeinden.
Die Bibel besteht aus ...	bedeutet eigentlich „Bücher".
Das Alte Testament erzählt ...	in ungefähr 1600 Sprachen übersetzt.
Das Neue Testament berichtet ...	zwei Teilen.
Die Bibel wurde ...	die Geschichte von Gott und den Menschen vor Jesu Geburt.

Die Entstehung der Bibel

Alles begann mit Geschichten. Überall, wo Menschen zusammenkamen, wurden Geschichten erzählt. Diese Geschichten wurden mündlich von einer Generation an die andere weitergegeben. Das war so um 1700 bis 1000 Jahre vor Christi Geburt (v. Chr.).

Mit der Zeit hat sich die Schrift entwickelt. Nun begann man, alles, was im Laufe der Jahre mündlich erzählt wurde, aufzuschreiben. Das war so um 900 bis 600 v. Chr. Die Geschichten wurden gesammelt und in Büchern zusammengefasst. Dann stellte man mehrere Bücher zusammen. Als Erstes wurden die Bücher Mose zusammengestellt. Man nannte diese Büchersammlung Tora – Buch der Weisung.

Im Laufe der Jahrhunderte wurden immer wieder neue Geschichten erzählt und aufgeschrieben. Um 60 bis 70 nach Christi Geburt (n. Chr.) stellte man eine endgültige Sammlung einzelner Bücher zusammen. Die in Hebräisch geschriebene Bibel der Juden war entstanden.

Für Jesus und die ersten Christen war diese Bibel die Heilige Schrift. Doch dann kamen neue heilige Schriften hinzu: Die Christen sammelten Geschichten über Jesus und seine Jünger. Es entstanden die Evangelien. Hinzu kamen Briefe der ersten Christen.

Zwischen 30 und 100 n. Chr. gab es bereits eine große Sammlung christlicher Schriften. Man nannte die vorchristlichen Schriften das Alte Testament, die christlichen Schriften das Neue Testament. Beide Teile zusammen bilden die christliche Bibel.

Skizze eines Zeitstrahls

Altes Testament

17	16	15	14	13	12	11	10	9	8	7	6	5	4	3	2	1	1	2	3	4

17 = 1700; 16 = 1600 usw.

Neues Testament

Station 2: Jesus lebte nicht in Deutschland

M 2.1: Lies die Text-Sammlung „Was die Bibel über Jesus sagt".

M 2.2: Zeichne einen Steckbrief Jesu in dein Heft und fülle ihn aus.

M 2.3: Lies den Text „Die Römer in Israel" und unterstreiche mit zwei Farben:

   a) Worunter leiden die Menschen in Israel?

   b) Was erhoffen sie von dem Messias?

M 2.4: Schneide die Puzzle-Teile aus und klebe sie in der richtigen Reihenfolge auf ein Din-A4-Blatt.

   Trage die fehlenden Begriffe ein und klebe das Ergebnis neben die Puzzleteile.

Was die Bibel über Jesus sagt

Markus 8,27-29	Und Jesus ging fort mit seinen Jüngern in die Dörfer … Und auf dem Wege fragte er sie …: Wer sagt ihr, dass ich sei? Da antwortete Petrus und sprach zu ihm: Du bist der Christus.
Matthäus 2,1	Jesus wurde in der Stadt Bethlehem in Judäa geboren.
Matthäus 1,18	Seine Mutter Maria war mit Josef verlobt.
Lukas 4,16	So kam Jesus nach Nazareth, wo er aufgewachsen war.
Markus 6,3	Jesus ist doch der Zimmermann, der Sohn von Maria.
Matthäus 4,23	Jesus zog durch ganz Galiläa. Er zog durch die Synagogen und heilte Krankheiten und Leiden im Volk.
Markus 15,24f.	Sie nagelten ihn ans Kreuz und verteilten untereinander seine Kleider. Es war neun Uhr morgens, als sie ihn kreuzigten.
Lukas 24,46f.	So steht's geschrieben, dass Christus leiden wird und auferstehen von den Toten am dritten Tage …
Apostelgeschichte 10,37f. + 43	Ihr wisst, … wie Gott Jesus von Nazareth gesalbt hat mit dem heiligen Geist …, dass alle, die an ihn glauben, Vergebung der Sünden erfahren sollen.

Matthäus, Markus, Lukas (und Johannes): Namen der **Evangelien**, also der Erzählungen über Jesu Taten und Worte, Leben und Sterben, im Neuen Testament; **Apostelgeschichte**: Erzählung des Lukas über die ersten christlichen Gemeinden nach Jesu Auferstehung.

- -

Material für einen Steckbrief Jesu

Name:	6. Aufgewachsen in:
Titel:	7. Beruf:
Geboren in:	8. Weitere Tätigkeiten:
Name des Vaters:	9. Todesart:
Name der Mutter:	10. Auferstanden:
Christen glauben, dass …	

Zwei Jungen, David und Samuel, treffen sich auf der Straße. David ist aufgeregt …

Samuel	Hallo, David - was ist mit dir los?
David	Ich habe eine schreckliche Wut.
Samuel	Weshalb denn?
David	Mein Vater muss eine Unmenge Steuern an die Römer zahlen und weiß nicht, wo er das Geld hernehmen soll.
Samuel	Da kann ich deine Wut verstehen. Ich finde es ungerecht, dass die Römer das Land besetzt haben und ausplündern.
David	Wir sollten uns das nicht gefallen lassen!
Samuel	Was sollten wir dagegen tun?
David	Ich werde mich den Kämpfern anschließen, die mit Waffengewalt gegen die Römer vorgehen.
Samuel	Du bist verrückt. Mit Aufständischen machen die Römer kurzen Prozess!
David	Egal! Irgendwas muss ich doch tun!
Samuel	Da ist ein Mann aufgetaucht, Jesus von Nazareth. Viele sagen, er sei der Messias. Der Christus. Der Heiland, den Gott uns gesandt hat.
David	Jesus von Nazareth? Wer ist das? Was tut er?
Samuel	Es heißt, dass er Frieden und Gerechtigkeit bringt.
David	Wie denn das? Hat er Soldaten, hat er ein Heer?
Samuel	Mein Vater sagt, Jesus zieht umher und erzählt den Menschen von Gott.
David	Er erzählt? Du glaubst, einer, der redet, kann uns helfen?
Samuel	Wer weiß? Ich jedenfalls halte nichts von Waffen und nichts von einem gewaltsamen Aufstand.

Das Land Israel

1) Jesus lebte nicht
in Deutschland,
sondern in _ _ _ _ _ _.

2) Der Fluss heißt

_ _ _ _ _ _.

3) Die Stadt,
in der Jesus starb,
heißt _ _ _ _ _ _ _ _ _.

4) Der Ort, in dem
Jesus geboren wurde,
heißt _ _ _ _ _ _ _ _ _.

5) Bis zum Alter
von 30 Jahren
lebte Jesus in

_ _ _ _ _ _ _ _.

6) Später wohnte
er am See

_ _ _ _ _ _ _ _ _ _.

7) In Israel gibt
es Wüste und ein
salziges Meer,
das _ _ _ _   _ _ _ _.

8) Israel liegt –
wie Italien – am

_ _ _ _ _ _ _ _ _.

Jordan

Jerusalem

Totes Meer

See
Genezareth

Bethlehem

Nazareth

Station 3: Wie sieht Gott aus?

M 3.1: Lies die Geschichte „Der Name Gottes"; markiere die Vergleiche und zeichne sie an den Rand.

M 3.2: Welchen Gottesnamen hat der Mann gemeint? Füge der Geschichte deinen eigenen Schluss hinzu.

M 3.3: Betrachte die Bilder „Gott ist wie ...", erläutere sie und füge ein eigenes hinzu.

M 3.4: Lies die Bibelverse und zeichne oder schreibe deine Gedanken dazu.

Der Name Gottes

Es war in alten Zeiten. Für Gott hatten die Menschen nur den einen Namen. Gott. „Hat er keinen anderen?", fragten sie. „Können wir ihm keinen anderen Namen geben?" Die Menschen begannen nachzudenken. Sie beschlossen, die Frage zu vertagen. Sie gaben sich eine Woche Zeit. Dann wollten sie wieder zusammenkommen und jeder sollte einen Namen für Gott mitbringen. Den schönsten wollten sie auswählen und Gott geben.

Die Woche verging und sie trafen sich wieder. Der Erste trug eine Schale in der Hand. In ihr brennt ein Feuer. Er sagte: „Sonne – das ist Gottes Name. Die Sonne schenkt uns Licht und Wärme, sie treibt die Nacht zurück."

Auch der Zweite trug eine Schale in der Hand. Er hatte sie mit Wasser gefüllt. „Wasser", sagte er. „So sollten wir Gott nennen. Denn aus dem Wasser kommt alles Leben."

Der Dritte bückte sich zu Boden. Er nahm Erde auf und ließ sie durch die Finger krümeln, dunkle, fruchtbare Erde. „Erde", sagte er. „So sollten wir Gott nennen. Denn die Erde trägt uns und bringt für uns Nahrung hervor."

Der Vierte hatte ein Segel mitgebracht. Er hielt es in die Höhe. Der Wind blies hinein, es wölbte sich, wollte mit dem Wind davonfliegen. „Das ist mein Name für Gott", sagte er. „Wind. Denn Wind treibt die Schiffe vor sich her und von der Luft leben wir, sie lässt uns atmen."

Unter ihnen ist ein Mann. Er schweigt, er sagt kein einziges Wort. Er hat ein kleines Kind auf dem Arm. Er wiegt es sanft. „Und du?", fragen sie ihn. „Was ist dein Name für Gott?" Der Mann sagt immer noch nichts; er wiegt das Kind. Alle werden still, schauen ihn an. Plötzlich sagt einer: „Das ist der schönste Name für Gott: …"

Der Mann und das Baby

Male das Zeichen für den fünften Gottesvergleich neben den Text.

Schreibe auf der Rückseite/in deinem Heft weiter: Wie entscheiden sich die Menschen? Oder: Wie würdest du dich entscheiden?

Burg ist sein Name. Denn eine Burg …

Töpfer ist sein Name. Denn ein Töpfer …

Guter Hirte ist sein Name. Denn ein guter Hirte …

Gott spricht: „Ich will euch trösten, wie einen eine Mutter tröstet."

Jesaja 66,13

Gott ist König über die ganze Erde; lobsinget ihm in Psalmen!

Psalm 47,8

Von allen Seiten umgibst du mich und hältst deine Hand über mir.

Psalm 139,5

Jesus spricht: „Wer mich sieht, sieht den Vater."

Johannes 14,9

Station 4: So wollen Christen leben

M 4.1: Lies den Info-Text und markiere, was dir am wichtigsten vorkommt.

M 4.2: Stell dir vor, du solltest einem Marsmenschen erklären, was die Zehn Gebote sind und was sie für Christen bedeuten – schreib auf, was du sagen würdest.

M 4.3: Ordne jedem Gebot die passende Erklärung zu. Die Buchstaben der Erklärungen ergeben, in der richtigen Reihenfolge gelesen, einen Ausdruck für den Sinn der Gebote.

M 4.4: Schreibe fünf der Erklärungen in dein Heft – und schreibe jeweils eine eigene Begründung dazu.

Ergänze – wenn es dir fehlt – ein elftes Gebot.

Die Zehn Gebote (der Dekalog)

Zehn Gebote: Regeln für das Leben. Der Tradition nach von Gott auf Tafeln geschrieben und Mose am Sinai übergeben. Von Mose zerschmettert; anschließend neu gefertigt. Nach 2 Mose in der *Bundeslade* bewahrt, die später im Tempel in Jerusalem ihren Platz fand.

Begründung der Gebote (2 Mose 20,2): „Ich bin der Herr, dein Gott, der ich dich aus Ägyptenland, aus der Knechtschaft geführt habe."

Frei werden und frei bleiben ist zweierlei: Wer die Gebote hält, *bleibt* frei: Drei Gebote, um mit Gott gut zu leben (2 Mose 20,3–11): Du sollst nicht andere Götter haben neben mir. / Du sollst den Namen Gottes nicht unnütz gebrauchen. / Du sollst den Feiertag heiligen.

Sieben Gebote, um mit den Mitmenschen gut zu leben (20,12–17): Du sollst deinen Vater und deine Mutter ehren. / Du sollst nicht töten. / Du sollst nicht ehebrechen. / Du sollst nicht stehlen. / Du sollst nicht falsch Zeugnis reden wider deinen Nächsten. / Du sollst nicht begehren deines Nächsten Haus. / Du sollst nicht begehren deines Nächsten Weib, Knecht, Magd, Vieh, noch alles, was sein ist.

Geschichte: Als Mose mit den Gebotstafeln vom Berg stieg, fand er, dass das Volk das erste Gebot bereits gebrochen hatte: Sie hatten sich aus Gold einen Stier-Gott gemacht und tanzten darum herum, lobten ihn und beteten ihn an. Mose war entsetzt und schmetterte die Tafeln zu Boden. Später bat er Gott um Verzeihung für sein Volk. (2 Mose 32)

Aus: Reli – Schlag nach. Für Konfis, Schülerinnen und Schüler, Göttingen 2008

Die Zehn Gebote – mit deinen Worten ...

Zehn Gebote ...?
Kapier ich nicht! Was soll
denn das sein? Wer gebietet da
was? Und wem? Und warum? Und überhaupt: Was nützen Gebote? Ich
will nach Hause!!!

Die Gebote und was sie bedeuten

I Ich bin der Herr, dein Gott. Du sollst keine anderen Götter haben!	**VI** Du sollst nicht die Ehe brechen!
II Du sollst den Namen des Herrn, deines Gottes, nicht missbrauchen!	**VII** Du sollst nicht stehlen!
III Du sollst den Feiertag heiligen!	**VIII** Du sollst nicht falsch gegen deinen Nächsten aussagen!
IV Du sollst deinen Vater und deine Mutter ehren!	**IX** Du sollst nicht begehren deines Nächsten Haus!
V Du sollst nicht töten!	**X** Du sollst nicht begehren deines Nächsten Frau, Knecht, Magd, Vieh und alles, was ihm gehört.

```
  |    |    |    |    |     |    |     |    |    |
——————————————————————————————————————————————————
  I    II   III  IV    V     VI   VII  VIII IX    X
```

Z Lass ältere Menschen nicht einfach sitzen, sondern kümmere dich um sie!	**I** Bleibe dem Menschen treu, den du liebst!
E Bringe den Namen Gottes nicht in Verbindung mit Dingen, mit denen er nichts zu tun haben will!	**E** Versuche nicht immer, das zu bekommen, was der andere hat!
E Achte jedes Leben und zerstöre es nicht!	**H** Sage nichts Falsches oder Unwahres über andere Menschen!
C Nimm nicht, was dir nicht gehört!	**N** Sehne dich nicht nach dem Glück der anderen, sondern suche dein eigenes!
W Ich habe dir die Freiheit geschenkt. Setze sie nicht aufs Spiel!	**G** Denk immer daran: Du bist nicht nur zum Arbeiten da!

- -

Die Gebote und ihre Begründungen – Ein Beispiel

Nimm nicht, was dir nicht gehört. – Du könntest dich gar nicht richtig daran freuen!

Station 5: Kann ich auch so leben?

M 5.1: Lies den Info-Text und markiere, was dir am wichtigsten vorkommt.

M 5.2: Stell dir vor, du solltest einem Marsmenschen erklären, was die Bergpredigt ist und was sie für Christen bedeutet – schreib auf, was du sagen würdest.

M 5.3: Lies den Auszug aus der Bergpredigt und notiere einen ersten Eindruck.

M 5.4: Übertrage die Tabelle in dein Heft und füge drei weitere Vorschläge Jesu hinzu. Kreuze jeweils an, ob der Vorschlag für dich möglich, schwierig oder unmöglich ist.

M 5.5. Lies die Geschichte und schreibe ein Ende. Berücksichtige dabei die Vorschläge Jesu aus der Bergpredigt.

Die Bergpredigt

Bergpredigt: Steht im Evangelium des Matthäus, im 5. bis 7. Kapitel; eine Zusammenstellung von wichtigen Worten, die Jesus über Gott und über das Zusammenleben der Menschen gesagt hat.

Die bekanntesten Teile der Bergpredigt sind das Vaterunser, die Seligpreisungen und die sogenannten Antithesen (d.h. Gegenreden): Hier werden die alttestamentlichen Gebote so zugespitzt, dass ihre eigentliche Absicht klar zum Ausdruck kommt, z.B.: Das Leben gefährdet nicht nur der, der jemanden umbringt, sondern auch schon der, der jemanden beleidigt oder ihm Böses wünscht.

Jesus betont, dass es in allem, was Menschen tun, auf die innere Einstellung und Absicht ankommt, darauf, ob sie aus Liebe handeln oder aus Eigennutz. Er lehrt außerdem Feindesliebe, Gewaltlosigkeit und den Wert des Nachgebens.

Aus: Reli – Schlag nach. Für Konfis, Schülerinnen und Schüler, Göttingen 2008

Die Bergpredigt – mit deinen Worten ...

> Bergpredigt ...? Kenn ich nicht! Wieso Berg? Und überhaupt: Was geht's mich an? Ich will nach Hause!!!

Was Jesus predigt

Ihr habt gehört, dass gesagt wird: „Auge um Auge, Zahn um Zahn". Ich aber sage euch, dass ihr der Bosheit gegen euch keinen Widerstand leisten sollt. Im Gegenteil: Wenn dich jemand auf die rechte Wange schlägt, dann halte ihm auch die linke hin. Und wenn dir jemand etwas von deiner Kleidung nehmen will, so gib ihm auch noch deinen Mantel dazu. Und wenn dich jemand zwingen will, eine Meile mit ihm zu gehen, dann geh zwei Meilen mit ihm. Und wenn dich jemand um etwas bittet, so gib es ihm. Und will sich einer etwas von dir ausleihen, so wende dich nicht ab.

Ihr habt gehört, dass gesagt wird, man soll seinen Nächsten lieben und seinen Feind hassen. Ich aber sage euch: Liebt eure Feinde und bittet für die, die euch verfolgen. So seid ihr Kinder eures Vaters im Himmel.

(Nach Mt 5,38-48)

Muster für die Tabelle

Vorschlag Jesu	Ist mir möglich	Finde ich schwer	Wäre mir unmöglich
Wenn dich jemand auf die rechte Wange schlägt, dann halt ihm auch die linke hin.			

Die Bergpredigt im Alltag

Tim hat zum Geburtstag ein neues Moutainbike geschenkt bekommen. Vorsichtig fährt er auf der Straße einige Runden. Das Rad sieht toll aus, wie es so in der Sonne funkelt. Tim ist stolz und freut sich sehr.

Da kommt Daniel, sein bester Freund. „Hallo, lass mich auch mal fahren", sagt er. „Ich mach gleich mal einen Härtetest auf unserer Rennstrecke am Waldrand."

Tim antwortet: „Dafür bekommst du mein Rad nicht! Ich will nicht, dass es gleich schmutzig wird oder sogar kaputt geht. So wie du mit deinen Sachen umgehst, muss man ja mit allem rechnen."

Daniel wird furchtbar wütend und geht auf Tim los. Die beiden schreien sich an und keiner will nachgeben. Dann kommt Stefan angerannt, der die beiden gehört hat. Er will vermitteln und sagt: …

Station 6: Wie sehen Kirchen von innen aus?

M 6.1: Lies die Texte und schreibe auf Karteikarten: vorn die Bezeichnung, hinten die Erläuterung.

M 6.2: Betrachte das Bild und finde die Gegenstände deiner Karten.

M 6.3: Trage die Einrichtungsgegenstände in den Grundriss ein.

Bereite eine Kirchenführung vor. Fertige dir dazu weitere Karten mit Informationen an, die du den Besuchern geben willst.

M 6.4: Bearbeite den Lückentext. Der Wortspeicher unter dem Text hilft dir.

Kreuz

Das Kreuz findet man an verschiedenen Stellen des Gotteshauses. Es ist das Kennzeichen der Christen und ein Hinweis darauf, dass Jesus Christus am Kreuz gestorben und am dritten Tage auferstanden ist. An manchen Kreuzen ist eine Jesusfigur angebracht.

Altar

Der Altar ist der Ort des Abendmahls. Er erinnert an das letzte Essen, das Jesus mit seinen Jüngern eingenommen hat.

Glocken

Die Kirchenglocken laden zum Gottesdienst ein oder wenn eine Heirat, eine Taufe oder eine Beerdigung stattfindet. Die Glocken hängen im Turm.

Orgel

Musik ist für einen christlichen Gottesdienst sehr wichtig. Die Orgel will die Gemeinde zum Singen ermuntern. Die Orgel befindet sich gegenüber dem Altar.

Taufstein

Der Taufstein befindet sich neben dem Eingang oder in der Nähe des Altars. Alte Taufsteine haben die Form eines großen Beckens, damit die Täuflinge darin untergetaucht werden konnten. Heute sind viele Taufbecken durch kleinere Schalen ersetzt.

Innenraum einer Kirche ⓂⒶ 6.2

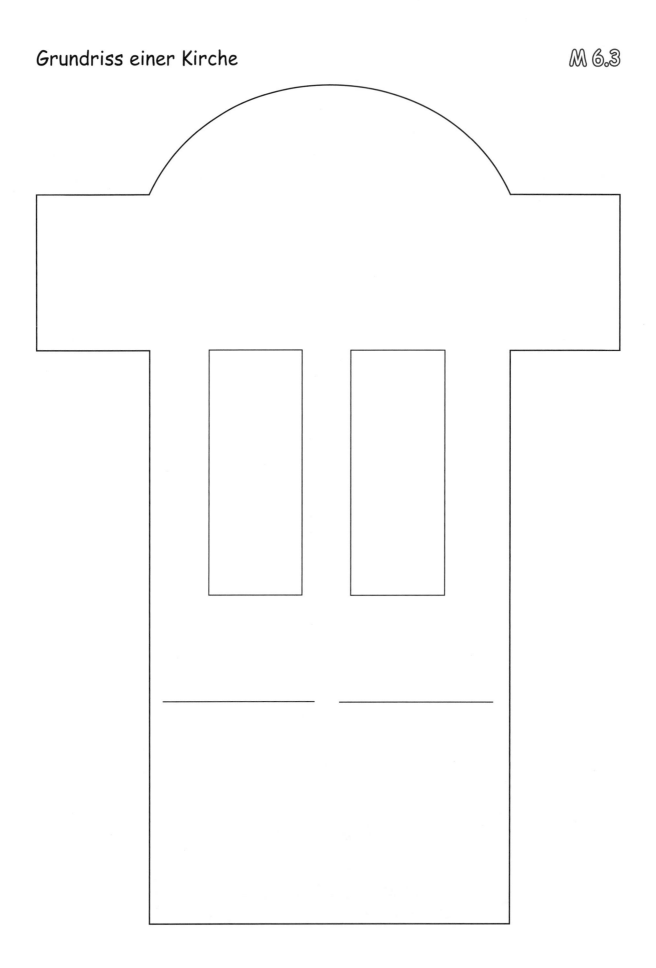

Was geschiehst in der Kirche?

Kirchengebäude sind die _ _ _ _ _ _ _ _ _ _ _ _ der christlichen Gemeinden. Hier versammeln sich Christinnen und Christen am _ _ _ _ _ _ _ _ _ _ _ zum Gottesdienst. Sie singen und beten und hören eine Predigt. Der _ _ _ _ _ _ _ _ _ _ wird meistens von einem Pfarrer (in der evangelischen Kirche auch von einer Pfarrerin) geleitet. Er oder sie hält dann die _ _ _ _ _ _ _ _ _ _ _ , eine Rede über einen Text aus der Bibel. Lektoren oder Lektorinnen lesen Abschnitte aus der _ _ _ _ _ _ _ _ _ _ vor. Ein Organist oder eine Organistin begleitet das gemeinsame Singen an der _ _ _ _ _ _ _ _ _ _ .

An den christlichen _ _ _ _ _ _ _ _ _ _ _ im Jahreslauf werden besondere Festgottesdienste gefeiert, zu Weihnachten wird dabei zum Beispiel oft ein _ _ _ _ _ _ _ _ _ _ _ aufgeführt; das ist ein Theaterstück über die _ _ _ _ _ _ _ _ _ _ Jesu.

Außer den Gottesdiensten für alle finden in einer Kirche auch Gottesdienste für bestimmte Gruppen statt, wie zum Beispiel Krabbel-, Kinder- oder Jugendgottesdienste sowie Gottesdienste zu besonderen Themen: Friedensgottesdienste oder Tauferinnerungsgottesdienste.

In der Kirche werden Taufen und Trauungen feierlich begangen. In katholischen Kirchen werden Kommunion und Firmung, in evangelischen Kirchen Konfirmation gefeiert. Manchmal finden in Kirchen auch _ _ _ _ _ _ _ _ _ _ _ für Verstorbene statt, wenn nicht so viele Gäste erwartet werden, allerdings meistens in einer kleineren _ _ _ _ _ _ _ _ _ _ auf dem _ _ _ _ _ _ _ _ _ _ . Außer zu Gottesdiensten und Feiern gehen Menschen in Kirchen, um _ _ _ _ _ _ _ _ _ _ _ zu hören, um die Kirche und ihre Kunstwerke zu _ _ _ _ _ _ _ _ _ _ oder auch um einige Minuten _ _ _ _ _ _ _ _ _ _ zu erleben, nachzudenken oder zu _ _ _ _ _ _ _ _ _ _ _ _ .

Wortspeicher

beten - Gotteshäuser – Stille - Sonntag - Geburt – besichtigen – Gottesdienst – Konzerte – Krippenspiel – Predigt – Friedhof – Bibel – Kapelle – Orgel – Trauerfeiern – Feiertagen

© 2011, Vandenhoeck & Ruprecht GmbH & Co. KG, Göttingen

Station 7: Mehr als Essen und Trinken

M 7.1: Lies den Info-Text, markiere wichtige Fakten.

M 7.2: Schreibe mit eigenen Worten einen Lexikonartikel.

M 7.3: Lies den Text, markiere, was über die Gefühle des Bettlers gesagt wird.

M 7.4: Versetze dich in die Rolle der Frau mit dem Pelz und schreibe die Geschichte aus ihrer Perspektive.

M 7.5: Ein Kirchenvorstand diskutiert darüber, ob Kinder vor ihrer Konfirmation am Abendmahl teilnehmen dürfen. – Ordne die Argumente in eine Pro- und Contra-Tabelle ein. Schreibe deine Meinung unter die Tabelle und begründe sie.

Das Abendmahl/die Eucharistie

Abendmahl: In der Nacht vor seiner Gefangennahme lud Jesus seine Jünger zu einem Festmahl mit Brot und Wein ein. Er bezeichnete Brot und Wein als seinen Leib und sein Blut. Wann immer Christen im Auftrag Jesu gemeinsam das Sakrament des Abendmahls feiern, gedenken sie des letzten Mahls Jesu mit seinen Jüngern: Sie erfahren Jesu Gegenwart, haben teil an seinem Leiden und Sterben und bekommen Vergebung der Sünden zugesprochen.

©Reli – Schlag nach, Göttingen 2008

Zum Abendmahl gehören die Geschichte von Jesu letztem Abendmahl, die Einsetzungsworte, die der Pfarrer über Wein und Brot spricht, sowie das eigene Schmecken des Brotes und des Weins (evangelisch) in der Gemeinschaft vor dem Altar. Abendmahlgeräte sind der Kelch für den Wein und ein Teller, die Patene, für das Brot.

Die Einsetzungsworte lauten:

Unser Herr Jesus Christus, in der Nacht, da er verraten ward, nahm er das Brot,
dankte und brach's und gab's seinen Jüngern und sprach:
Nehmet hin und esset, das ist mein Leib, der für euch gegeben wird.
Solches tut zu meinem Gedächtnis.
Desgleichen nahm er auch den Kelch nach dem Abendmahl,
dankte und gab ihnen den und sprach:
Nehmet hin und trinket alle daraus,
dieser Kelch ist das neue Testament in meinem Blut,
das für euch vergossen wird zur Vergebung der Sünden.
Solches tut, so oft ihr's trinket, zu meinem Gedächtnis.

Das Abendmahl bedeutet für Gläubige u.a.: Erinnerung an Jesus, Vertrauen auf Gott, Gemeinschaft mit allen Christen der Welt.

In der katholischen Kirche heißt das Abendmahl Eucharistie. Hier wird nur Brot ausgeteilt, der Pfarrer trinkt stellvertretend für die Gemeinde aus dem Kelch.

So beginnt ein Lexikon-Artikel

Abendmahl. In der katholischen Kirche Eucharistie. Erinnerung an das letzte Abendmahl Jesu mit seinen Jüngern. ...

An einem kalten Abend

Er fror. Einen anderen Grund hatte er nicht, auf die Klinke zu drücken. Es war Samstagabend und kalt. Er hatte das Licht gesehen und die Glocken gehört. Von der Kirche. „Kommt", schienen sie zu rufen, „kommt doch herein!" Und er hatte verstanden: „... alle, die ihr mühselig und beladen seid." Keine Ahnung, woher die Worte kamen. Er kannte sie nicht.

Er war näher herangehumpelt, steif vom Sitzen auf kaltem Asphalt. Er hatte zugeschaut, wie Menschen hineingingen, warm gekleidete Menschen, reich gekleidete Menschen. Er war in den Schatten getreten. Nichts für mich.

Aber als sie dann drinnen waren und die Tür zu, als Musik erklang und der Schein von Kerzen durch die Ritzen der Tür drang - da drückte er auf die Klinke. Er brauchte lange, bevor er sie leise, leise ganz hinuntergedrückt hatte. Er wollte auf keinen Fall stören. Aber er fror.

„So kommt, es ist alles bereit. Sehet und schmeckt, wie freundlich der Herr ist", sprach vorn am Altar der Schwarzgekleidete. Er trug ein weißes Spitzenhemd über dem Schwarz und er hielt einen silbernen Teller.

Hunger hatte der Bettler auch, er hatte Hunger und er fror und die Einladung war unwiderstehlich. Langsam schloss er sich den Menschen an, die sich aus den Bänken erhoben und nach vorn gingen. In einem weiten Halbkreis stellten sie sich um den Altar.

Eine Frau im Pelzmantel rückte einen Schritt zur Seite, als sie ihn sah. Er trat neben sie, mit gesenktem Kopf. Sie sahen alle so warm und so satt aus. Nichts für mich, dachte er.

Auf dem silbernen Teller waren Plätzchen. Hauchdünn. Und jeder bekam nur eines. Wie soll man da satt werden? „Für dich gegeben", sagte der Schwarzgewandete. Er sah ihn an, sah ihm in die Augen. Und die Hand, die das Plätzchen austeilte, war warm.

Als der Schwarzgewandete seine Runde vollendet hatte, sprach er wieder: „Das stärke und bewahre euch ...". Der Bettler fühlte sich besser. Er fror nicht mehr, das war es.

Und dann sollten sich alle die Hände reichen. Er zuckte zusammen. Wie lange war es her, dass jemand ihm die Hand gegeben hatte. Die Frau neben ihm, die im Pelzmantel, zögerte. Nichts für mich, dachte er. Dann hob sie ihre Hand und hielt sie ihm hin. „Friede sei mit dir", sagte sie. Und er, er lächelte. Er nahm die Hand und drückte sie vorsichtig. Und dann drehte er sich um und lief aus der Kirche. Warm und satt und seltsam berührt.

Die Frau im Pelz erzählt

Samstagabend in der Kirche. Ich dachte: Alles wie immer. Aber dann kam dieser Mann ...

Wer darf zum Abendmahl?

Im Kirchenvorstand wird diskutiert:

Man muss wissen, worum es geht, wenn man am Abendmahl teilnimmt.

Jesus hat ein Kind in die Mitte gestellt und gesagt: „Wenn ihr nicht werdet wie die Kinder, so kommt ihr nicht zu Gott."

Kinder könnten den heiligen Augenblick durch Lachen und Spotten zerstören.

Das Abendmahl ist ein Geheimnis, das verstehen auch Erwachsene nicht wirklich.

Die Teilnahme am Abendmahl muss man sich erst verdienen. Der wahre Glaube braucht Übung und Reife.

Was sie als Kinder lernen, behalten sie als Erwachsene bei: den Gottesdienstbesuch, die Teilnahme am Abendmahl.

Kinder sind so schusselig. Am Ende lassen sie den Leib Christi noch fallen!

Man darf niemanden ausschließen; Jesus hat alle eingeladen.

Station 8: So beten Christen

M 8.1: Nummeriere alle Bilder. Kennzeichne Menschen auf den Bildern, die deiner Meinung nach beten.

M 8.2: Wähle ein gekennzeichnetes Bild aus und schreibe auf, was die dargestellte Person denken oder fühlen könnte.

M 8.3: Lies das Vaterunser und ordne jedem Abschnitt eine Gebärde/ Haltung von M 8.1 zu. Skizziere sie in den vorgegebenen Kästchen.

Wer betet?

Was Nummer _ _ denkt und fühlt

Das Grundgebet der Christenheit ist das Vaterunser. Jesus hat es seine Jünger selbst gelehrt. Du kannst es im Matthäusevangelium nachlesen, Kapitel 6, in der Bergpredigt.

1.	Vater unser im Himmel.
2.	Geheiligt werde dein Name.
3.	Dein Reich komme.
4.	Dein Wille geschehe, wie im Himmel so auf Erden.
5.	Unser tägliches Brot gib uns heute.
6.	Und vergib uns unsere Schuld, wie auch wir vergeben unsern Schuldigern.
7.	Und führe uns nicht in Versuchung, sondern erlöse uns von dem Bösen.
8.	Denn dein ist das Reich und die Kraft und die Herrlichkeit in Ewigkeit. Amen

1.	2.	3.
4.	5.	6.
7.	8.	Amen

Station 9: Was feiert man eigentlich zu Ostern?

M 9.1: Lies den Info-Text „Ostern – ein christliches Fest". Markiere dabei fünf wichtige Informationen. Suche das Osterfest im Kirchenjahreskreis.

M 9.2: Verfasse aus deinen fünf wichtigen Informationen einen Lexikonartikel zum Stichwort Ostern.

M 9.3: Lies die Emmaus-Geschichte und kennzeichne die Abschnitte mit Emoticons (☹ ☺ ☺).

M 9.4: Schreibe die Geschichte weiter: Wie kommen die beiden Jünger in Jerusalem an? Was erzählen sie? Drücke vor allem ihre Gefühle und Hoffnungen aus.

Ostern ist das bedeutendste Fest der Christen. Wenn man es genau betrachtet, ist Ostern aber nicht ein einzelner Festtag, sondern eine ganze Reihe von wichtigen Tagen.

Alles beginnt mit der 40-tägigen Passionszeit, die an das Leiden, die Einsamkeit und die Verachtung erinnert, die Jesus ertragen musste. Viele Christen verzichten während dieser Zeit auf Dinge, die ihnen sonst wichtig sind, z.B. Kaffee, Schokolade, Fernsehen. Damit zeigen sie ihre Verbundenheit mit Jesus. Dieses freiwillige Verzichten nennt man Fasten.

Am Karfreitag erinnern sich die Christen an Jesu Kreuzigung. Nach christlichem Verständnis zeigt sich in der Kreuzigung, dass Gott die Menschen nicht allein lässt, auch nicht beim Sterben.

Denn die Bibel erzählt, dass am Ostermorgen Frauen sein leeres Grab entdecken und ein Engel ihnen Jesu Auferstehung verkündet. Deshalb feiern Christen zu Ostern das Leben.

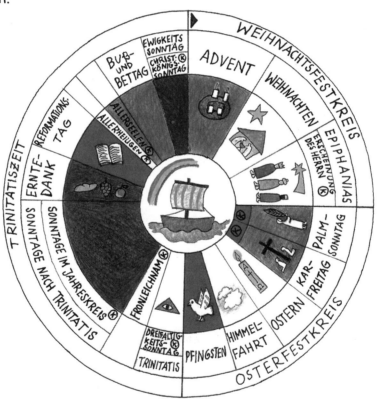

So beginnt ein Lexikon-Artikel   M 9.2

Ostern. Das bedeutendste Fest der Christen. Es wird gefeiert …

Zwei Menschen, die zu Jesus gehört hatten, gingen in das Dorf Emmaus, das ein Stück von Jerusalem entfernt lag. Trauer und Verzweiflung waren ihnen anzusehen. Sie sprachen leise über die letzten Tage und das schreckliche Sterben Jesu.

Da kam Jesus selbst dazu und ging mit ihnen, sie erkannten ihn aber nicht. Da fragte er sie: „Worüber redet ihr und warum seid ihr so traurig?" Da blieben sie stehen und sahen ihn verwundert an: „Du bist wohl der Einzige in Jerusalem, der nicht weiß, was dort in diesen Tagen geschehen ist?" „Was denn?", fragte Jesus. „Das mit Jesus von Nazareth", sagten die beiden. „Er war ein Prophet; mit Worten und Taten hat er die Liebe Gottes zu den Menschen gezeigt. Die Mächtigen haben ihn zum Tod verurteilt und ihn ans Kreuz nageln lassen. Und wir hatten doch gehofft, er sei der erwartete Messias, der Israel befreien soll! Aber das ist jetzt alles schon drei Tage her und wir wissen nicht, wie es weitergehen soll."

Inzwischen waren sie in die Nähe von Emmaus gekommen. Jesus tat so, als wollte er weitergehen. Aber sie ließen es nicht zu und sagten: „Bleib doch bei uns! Es wird schon Abend, gleich wird es dunkel!" Da folgte er ihrer Einladung und blieb bei ihnen. Als er dann mit ihnen zu Tisch saß, nahm er das Brot, sprach ein Gebet, brach es in Stücke und gab es ihnen.

Da gingen ihnen die Augen auf und sie erkannten ihn. Aber im selben Augenblick verschwand er vor ihren Augen. Da machten sie sich sofort auf nach Jerusalem und ...

Nach Lk 24

Fortsetzung folgt – zum Beispiel:

M 9.4

Der Rückweg fiel ihnen viel leichter. Sie selbst fühlten sich viel leichter, so als ob ein Stein von ihren Herzen gefallen sei. Die Sonne stand noch hoch, als sie das Haus des Petrus erreichten, wo auch die anderen Jünger versammelt waren. Die beiden Emmaus-Jünger wunderten sich, wie still und wie dunkel es im Hause war. Es roch geradezu nach Traurigkeit ...

Station 10: Warum Weihnachten so wichtig ist

M 10.1: Lies den Info-Text „Zur Geschichte des Weihnachtsfests". Markiere fünf wichtige Informationen. Suche Weihnachten im Kirchenjahreskreis.

M 10.2: Verfasse aus deinen fünf wichtigen Informationen einen Lexikonartikel zum Stichwort Weihnachten.

M 10.3: Lies die Weihnachtsgeschichte nach Lukas 2 und kennzeichne die Personen, die darin vorkommen, verschiedenfarbig.

M 10.4: Verbinde die Kärtchen so, dass richtige Sätze entstehen.

Die Geschichte des Weihnachtsfestes

Am Anfang feierten die Christen hauptsächlich das Osterfest, den Tod und die Auferstehung Jesu Christi. Erst viel später wollten sie auch seine Geburt feiern.

Leider war es nicht möglich, den genauen Tag der Geburt Jesu festzustellen. Heute feiern die Christen zur Erinnerung an Jesu Geburt das Weihnachtsfest.

Das deutsche Wort Weihnachten stammt von „wihe nahte", „geweihte oder heilige Nächte". In vorchristlicher Zeit wurde am 25. Dezember die Wintersonnenwende gefeiert. Die Tage werden wieder länger und neues Leben kann entstehen. Die Menschen verehrten den unbesiegbaren Sonnengott, den der Winter nicht töten konnte.

Im Johannesevangelium wird Jesus auch als das „Licht der Welt" bezeichnet. Als die Europäer christlich wurden, konnten sie leicht die heiligen Nächte und den Glauben an Jesus Christus miteinander verbinden.

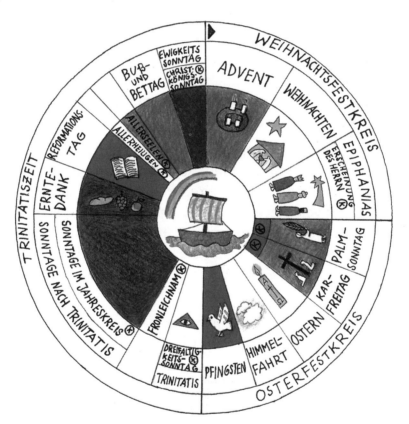

So beginnt ein Lexikon-Artikel

Weihnachten. Christliches Fest zur Geburt Jesu. Zu Weihnachten gehören viele Bilder und Vorstellungen, viele Bräuche und Hoffnungen ...

Die Weihnachtsgeschichte

Zu jener Zeit ordnete der römische Kaiser Augustus an, dass alle erwachsenen Männer in seinem Reich gezählt und für die Steuer erfasst werden sollten. Und alle gingen hin, um sich einschreiben zu lassen, jeder in die Heimatstadt seiner Vorfahren. Auch Josef machte sich auf den Weg. Aus Nazareth in Galiläa ging er nach Bethlehem in Judäa, wo einst König David geboren worden war, denn er stammte aus der Familie von König David. Er reiste gemeinsam mit Maria, seiner Verlobten; die war schwanger. Als sie dort waren, kam für Maria die Zeit der Entbindung. Sie gebar ihren Sohn, den Erstgeborenen, wickelte ihn in Windeln und legte ihn in eine Futterkrippe im Stall. Denn wegen der Volkszählung gab es keine Übernachtungsplätze mehr.

In jener Gegend waren Hirten auf freiem Feld, die hielten Wache bei ihren Herden in der Nacht. Da trat der Engel Gottes zu ihnen und sie fürchteten sich sehr. Aber der Engel sagte zu ihnen: „Habt keine Angst! Ich habe eine große Freudenbotschaft für euch und für alle Menschen. Heute ist für euch der Retter geboren worden! Und dies ist das Zeichen, an dem ihr ihn erkennt: Ihr werdet ein neugeborenes Kind finden, das liegt in Windeln gewickelt in einer Futterkrippe." Und plötzlich war bei dem Engel eine Vielzahl von Engeln; die lobten Gott und riefen: „Groß ist Gottes Glück im Himmel; denn sein Frieden ist herabgekommen auf die Erde zu den Menschen, die er liebt!"

Da sagten die Hirten zueinander: „Kommt, wir gehen nach Betlehem und sehen uns an, was da geschehen ist." Sie liefen hin, kamen zum Stall und fanden Maria und Josef und bei ihnen das Kind in der Futterkrippe. Als sie es sahen, berichteten sie, was ihnen der Engel von diesem Kind gesagt hatte. Und alle, die dabei waren, staunten über das, was ihnen die Hirten erzählten. Maria aber bewahrte all das Gehörte in ihrem Herzen und dachte viel darüber nach. Die Hirten kehrten zu ihren Herden zurück und lobten Gott und dankten ihm für das, was sie gehört und gesehen hatten.

Nach acht Tagen war es Zeit, das Kind nach jüdischem Brauch beschneiden zu lassen und es bekam den Namen Jesus.

Nach Lk 2

1. Jesus	A ordnete eine Volkszählung an.
2. Maria	O stammte aus der Familie Davids.
3. Josef	R konnten kaum glauben, dass ein kleines Kind die Welt retten sollte.
4. Die Hirten	L bewahrte in ihrem Herzen, was Gott über ihr Kind gesagt hatte.
5. Der Engel	G schlief als Baby in einer Krippe.
6. Kaiser Augustus	I brachte eine wichtige Nachricht Gottes zu den Menschen.

So beginnt der Lobgesang der Engel auf Lateinisch:

1	2	3	4	5	6

... in excelsis deo ...
Ehre sei Gott in der Höhe ...

Station 11: Taufe ist mehr als Namensgebung

M 11.1: Lies den Info-Text „Die Taufe". Markiere a) rosa, was über den Sinn der Taufe gesagt wird, b) gelb, was über die Taufhandlung gesagt wird, c) grün, was zur Taufe dazugehört.

M 11.2: Notiere am Rand die wichtigsten Informationen.

M 11.3: Sieh in die Schale mit den „Zutaten": Zeichne rund um die Taufkerze alles, was zur Taufe dazugehört.

M 11.4: Wähle aus den Taufsprüchen zwei aus, die dir gefallen oder die deiner Meinung nach gut zu einer Taufe passen. Schreibe sie in dein Heft und begründe deine Wahl.

Die Taufe

Mit der Taufe geht der Täufling einen Bund mit Gott ein. Er erhält die Zusage der Liebe und des Segens Gottes. Das heißt, den Eltern und dem Kind wird zugesagt, dass sie nicht allein stehen, sondern dass Gott sie im Leben begleitet.

Die Taufe ist eine einmalige Handlung im Leben eines Christen und kann nicht rückgängig gemacht werden. Der Pfarrer führt die Taufe stellvertretend für Gott aus. Mit der Taufe wird ein Mensch in die christliche Gemeinschaft aufgenommen. Er ist dann Mitglied seiner Heimatgemeinde und gleichzeitig Teil der weltweiten Christenheit.

Das äußerlich sichtbare Element der Taufe ist das Wasser. Es ist Symbol für das Leben und die Reinigung. Dreimal wird dem Täufling Wasser über den Kopf gegossen und er bekommt einen persönlichen Taufspruch, der ihn das ganze Leben lang begleiten soll.

Ein katholischer Christ wird zusätzlich nach der Taufe gesalbt und erhält ein Taufkleid oder einen Taufschal als Zeichen des neuen Menschen und er erhält seine Taufkerze.

In Deutschland wird man meistens als Kind getauft, man kann sich aber auch später noch in jedem Alter taufen lassen.

WasserKerzeGlocken
RingTaufspruchBibelTurmuhrTaufurkunde
WeinTaufbeckenPatenHandyElternKranzPatenbrief
KollekteBrotLichtKelchSammeltellerSegenOrgel

Ich bin bei euch alle Tage bis an der Welt Ende.	Matthäus 28
Ich bin das Licht der Welt. Wer mir nachfolgt, wird nicht wandeln in der Finsternis, sondern wird das Licht des Lebens haben.	Johannes 8
Christus spricht: Ich bin die Auferstehung und das Leben. Wer an mich glaubt, der wird leben!	Johannes 11
Ich will dich segnen und du sollst ein Segen sein.	1 Mose 12
Der HERR ist mein Hirte, mir wird nichts mangeln.	Psalm 23
Der HERR ist mein Licht und mein Heil; vor wem sollte ich mich fürchten? Der HERR ist meines Lebens Kraft; vor wem sollte mir grauen?	Psalm 27
Befiehl dem HERRN deine Wege und hoffe auf ihn, er wird's wohl machen.	Psalm 37
Dein Wort ist meines Fußes Leuchte und ein Licht auf meinem Wege.	Psalm 119
Lass dich nicht vom Bösen überwinden, sondern überwinde das Böse mit Gutem.	Römer 12
Euer Glaube sollte sich nicht auf Menschenweisheit gründen, sondern auf die Kraft Gottes.	1 Korinther 2
Gott ist Liebe; und wer in der Liebe bleibt, der bleibt in Gott und Gott in ihm.	1 Johannes 4
Rufe mich an in der Not, so will ich dich erretten und du sollst mich preisen.	Psalm 50
Von allen Seiten umgibst du mich und hältst deine Hand über mir.	Psalm 139
Unser Glaube ist der Sieg, der die Welt überwunden hat.	1 Johannes 5

Station 12: Wie Christen trauern und sich erinnern

M 12.1: Schau dir die Traueranzeigen an und beantworte die folgenden Fragen schriftlich:

- Welche Gemeinsamkeiten stellst du fest?

- Was sind die wichtigsten Informationen in einer Traueranzeige?

- Welche Anzeigen scheinen von Christen zu sein? Woran erkennst du das?

- Welche Anzeige macht dich besonders traurig? Warum?

M 12.2: Schau dir die Fotos von Grabsteinen an und beantworte die folgenden Fragen schriftlich:

- Welche Gemeinsamkeiten stellst du fest?

- Was sind die wichtigsten Informationen auf einem Grabstein?

- Welche Grabsteine scheinen von Christen zu sein? Woran erkennst du das?

3

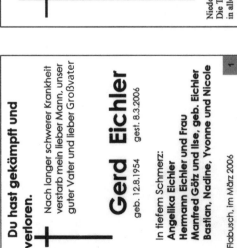

Wer ihn kannte, weiß, was wir verloren haben.

In Liebe und Dankbarkeit nehmen wir Abschied von meinem lieben Mann, unserem guten Vater, Schwiegervater, Opa, Schwager, Onkel und Cousin

Heinrich Zimmermann

geb. 6.9. 1928   gest. 14.6.2004

In stillem Gedenken:
**Heidi Zimmermann
Gerhard und Ingrid Zimmermann
Waltraud und Gunther Zimmermann
Fritz Reimann und Frau Karla geb. Zimmermann
Steven, Jasmin, Sören und klein Niklas**

Rosental, im Juni 2004
Die Trauerfeier mit anschließender Urnenbeisetzung findet am Freitag, dem 28.6.2004 um 14.00 Uhr auf dem Friedhof in Rosental statt.

6

Denn der Herr ist der Geist; wo aber der Geist des Herrn ist, da ist Freiheit.   2. Kor.3.

Nach langer Krankheit verstarb unser lieber Vater, Großvater und Onkel

Robert Steinecke

geb. 18.11. 1922   gest. 4.7.2005

In tiefer Trauer:
**Ursula Steinecke
Julian Steinecke und Familie
Karl Friedrich und Anneliese geb. Steineck
sowie seine lieben Enkel**

Kahlenburg, im Juli 2005
Die Beisetzung mit anschließender Trauerfeier findet am Freitag, dem 16.7.2005 um 13.00 Uhr auf dem Friedhof in Kahlenburg statt.

9

Schwer war dein Leben, groß deine Liebe

Es verstarb unsere liebe Mutter

Hilde Becker

Geb. Winkelmann
geb. 13.9.1922   gest. 3.10.2007

In stiller Trauer:
Martin Becker und Familie

Berlin, im Oktober 2007

2

Fürchte dich nicht, denn ich haben dich erlöst, ich habe dich bei deinem Namen gerufen, du bist mein.   Jes. 43,1

In Liebe und Dankbarkeit nehmen wir Abschied von unserer verehrten Mutter und Großmutter

Hildegard Nowak

geb. Kaufmann
geb. 18. 3. 1938   gest. 2.9.2006

In stiller Trauer:
**Barbara Schott geb. Nowak
Günter Nowak
Thomas Nowak und Familien**

Niederbergen, im September 2006
Die Trauerfeier mit anschließender Urnenbeisetzung findet in aller Stille statt.

5

Wir nehmen Abschied von

Otto Richter

geb. 13.1. 1918   gest. 1.3.2007

In stiller Trauer:
Die Hinterbliebenen

Kaufroda, im März 2007
Die Urnenbeisetzung findet am Mittwoch, dem 14. März 2007 um 14.00 Uhr auf dem Zentralfriedhof statt.

8

Wir nehmen Abschied von

Erich Pfeiffer

geb. 12.4.1936   gest. 3.10.2002

In stiller Trauer:
Die Hinterbliebenen

Großroda, im Oktober 2002
Die Beisetzung findet in aller Stille statt.

1

Du hast gekämpft und verloren.

Nach langer schwerer Krankheit verstarb mein lieber Mann, unser guter Vater und lieber Großvater

Gerd Eichler

geb. 12.8.1954   gest. 8.3.2006

In tiefem Schmerz:
**Angelika Eichler
Hermann Eichler und Frau
Manfred Götz und Ilse, geb. Eichler
Bastian, Nadine, Yvonne und Nicole**

Flabusch, im März 2006

5

Das einzig Wichtige im Leben sind Spuren von Liebe, die wir hinterlassen, wenn wir ungefragt weggehen und Abschied nehmen müssen.   Albert Schweitzer

Plötzlich und unfassbar für uns alle verstarb unser lieber Vater, Bruder und Freund

Bernd Große

geb. 1. 7. 1958   gest. 14.2.2004

In tiefem Schmerz:
**Torsten Große und Familie
Andrea Große und Kinder
und alle Freunde**

Saalfelden, im Februar 2004
Die Beerdigung mit anschließendem Trauergottesdienst findet am 20.2.2004 auf dem Stadtfriedhof statt. An Stelle von Kränzen oder Blumen bitten wir um Spenden für die Reparatur der Kirchglocke.

7

Gottes Gabe ist ewiges Leben

In Liebe und Dankbarkeit nehmen wir Abschied von

Renate Wegener

geb. 21.2. 1925   gest. 11.2.2003

In liebevoller Erinnerung:
Christian und Hella Wegener und alle Verwandten und Freunde

Kleinhausen, im Februar 2003
Die Beerdigung findet im Kreis der Familie statt.

Station 13: Wie das Christentum nach Europa kam

M 13.1: Lies den sogenannten Missionsbefehl (Matthäus 28). Fasse ihn mit eigenen Worten in einem Satz zusammen.

M 13.2: Schreibe als „Jünger" einen Brief an deine Familie, bevor du auf Missionsreise gehst.

M 13.3: Nenne drei Gründe für die rasche Verbreitung des Christentums. Du findest sie im Text.

M 13.4: Fertige eine Skizze der Welt mit den Kontinenten an (s. Atlas oder Erdkundebuch). Bilde dann die Anteile der Christen in den Kontinenten ab wie folgt:

0 bis 10 % Anteil – gelb anmalen; 10 bis 50% - rosa anmalen; 50 bis 75% - orange anmalen; 75 bis 85% - rot anmalen; 85 bis 95% - violett anmalen.

Der Missionsauftrag

Jesus sagte zu seinen Jüngern: „Gott hat mir die volle Macht im Himmel und auf der Erde gegeben. Darum geht nun zu allen Völkern der Welt und macht die Menschen zu meinen Jüngern und Jüngerinnen! Tauft sie im Namen des Vaters und des Sohnes und des Heiligen Geistes und lehrt sie, alles zu befolgen, was ich euch aufgetragen habe. Und das sollt ihr wissen: Ich bin immer bei euch, jeden Tag, bis zum Ende der Welt."

Matthäus 28

In einem Satz:

Ein Brief vor dem Aufbruch

Liebe Corinna,

....

....

....

....

Die schnelle Ausbreitung des Christentums

Die ersten Christen nahmen Jesu Missionsbefehl sehr ernst. Die guten Verkehrsbedingungen im Römischen Reich führten dazu, dass die Missionare schnell reisen konnten. Wegen ihrer griechischen Sprachkenntnisse konnten sie sich überall schnell verständlich machen.

Ihre Botschaft von der Rettung der Armen stieß auf offene Ohren: Es ist leichter, dass ein Kamel durch ein Nadelöhr gehe, als dass ein Reicher ins Reich Gottes komme (Evangelium nach Markus 10,25).

Dass vor Gott alle Menschen gleich seien und es keinen Unterschied zwischen Kaiser und Sklaven gäbe, fand große Zustimmung: Hier ist nicht Jude noch Grieche, hier ist nicht Sklave noch Freier, hier ist nicht Mann noch Frau; denn ihr gehört alle zusammen in Christus Jesus (Brief an die Galater 3,28).

Der Gedanke der Nächstenliebe konnte viele Menschen überzeugen: Liebe deinen Nächsten wie dich selbst (Evangelium nach Lukas 10,27).

Drei gute Gründe
1.
2.
3.

Die Ausbreitung des Christentums im 21. Jahrhundert

Heute gehören ca. 2,1 Mrd. Menschen dem Christentum an, das sind etwa 31% der Weltbevölkerung. Damit ist das Christentum die am weitesten verbreitete Religion auf der Erde.

Kontinent	Anteil an der Bevölkerung
Afrika	48%
Asien	9%
Australien und pazifischer Raum	73%
Europa	71%
Nordamerika	82%
Südamerika	92%

Station 14: Was nicht verschwiegen werden darf

M 14.1: Lies die Bibeltexte und schreibe einen kurzen Text: Was kann man in der Bibel über den Frieden lesen?

M 14.2: Lies den Text und schreibe die Stelle im Text ab, die dich am stärksten berührt.

M 14.3: Schreibe eine Rede an den christlichen Ritter, der auf dem Bild M 14.3 zu sehen ist. Verwende dazu auch die Bibelverse von M 14.1.

Gott weist mächtige Völker zurecht und schlichtet ihren Streit, bis hin in die fernsten Länder. Dann sollen sie aus ihren Schwertern Pflüge schmieden und aus ihren Speerspitzen Gartenmesser machen. Kein Volk soll mehr das andere angreifen und niemand soll mehr das Kriegshandwerk lernen.	Micha 4,3
Ehre sei Gott in der Höhe und Frieden auf Erden und den Menschen ein Wohlgefallen.	Lukas 2,14
Jesus sagte: Ihr wisst, dass es heißt: „Auge um Auge, Zahn um Zahn." Ich aber sage euch: Verzichtet auf Gegenwehr, wenn euch jemand Böses tut! Mehr noch: Wenn dich jemand auf die rechte Backe schlägt, dann halte auch die linke hin.	Matthäus 5,38f.
Jesus sprach: Ihr wisst, dass es heißt: „Liebe deinen Mitmenschen; hasse deinen Feind." Ich aber sage euch: Liebt eure Feinde und betet für alle, die euch verfolgen.	Matthäus 5,43f.
Seine Hilfe ist nahe denen, die Respekt haben, dass in unserem Land Ehre wohnt, dass Gerechtigkeit und Frieden sich küssen.	Psalm 85,11
Die Böses planen, haben Täuschung im Herzen; aber die zum Frieden raten, haben Freude.	Sprüche 12,20
Vergiss meine Weisung nicht und dein Herz bewahre meine Gebote, denn sie werden dir ein langes Leben bringen und gute Jahre und Frieden.	Sprüche 3,1f.

Dein Text könnte so anfangen:

Jesus hat die Feindesliebe gepredigt. ... Aber auch schon im Alten Testament ...

Die Eroberung Jerusalems durch christliche Ritter M 14.2

Zwischen dem 11. und 14. Jh. versuchten christliche Ritter (Kreuzritter) immer wieder Palästina und Jerusalem zu erobern. Diese grausamen Kriege werden auch Kreuzzüge genannt. Am 15. Juli 1099 wurde Jerusalem erstürmt. Über das Vorgehen der christlichen Ritter berichtet ein Augenzeuge:

„Die Verteidiger flohen von den Mauern durch die Stadt und die Unseren (= die Kreuzritter) folgten ihnen und trieben sie vor sich her, sie tötend und köpfend …

Nachdem die Sarazenen (= Muslime) endlich überwunden waren, ergriffen die Unseren Männer und Frauen und töteten, wen sie wollten, und ließen leben, wen sie wollten … nicht Alter noch Geschlecht der Sarazenen wurde verschont …

Verschont wurden selbstredend auch die Juden nicht: Man verbrannte sie lebendig in ihrer Synagoge, in die sie sich geflüchtet hatten. Alles und alles erfüllten sie mit Blut…"

Gesta dei per Francos

- -

Ritter mit dem Kreuz M 14.3

Oh, Ritter mit dem Kreuz, bedenket doch …

Station 15: So leben Christen in Deutschland

M 15.1: Lies den Info-Text und unterstreiche, was du noch nicht wusstest.

M 15.2: Erkläre dem Marsmännchen, dass es nicht einfach „Das Christentum" gibt, sondern katholische Christen, evangelische Christen ...

M 15.3: Lies den Text und unterstreiche alles „typisch Katholische".

M 15.4: Lies den Text und unterstreiche alles „typisch Evangelische".

Lege in deinem Heft eine Tabelle an und stelle evangelische und katholische Besonderheiten einander gegenüber.

Am besten ist es, du schaust dir selbst einmal wie Anne eine katholische und eine evangelische Kirche von innen an.

Evangelisch und katholisch - ein Glaube, verschiedene Bräuche

Konfessionen: Es gibt katholische, evangelische und andere Christen. Sie teilen den Glauben an Gott, den Vater, den Sohn (den auferstandenen Christus) und den Heiligen Geist. Die aus der Reformation (s. Martin Luther) hervorgegangenen Kirchen gliedern sich in verschiedene Konfessionen: die lutherischen Kirchen, die reformierten (Anhänger Zwinglis und Calvins) und die unierten Kirchen.

Katholisch: Typisch katholisch: Papst, Heiligenverehrung, besondere Verehrung von Maria; nur Männer dürfen Priester werden - und sie dürfen nicht heiraten (Zölibat). Man kann sich die katholische Kirche wie eine Pyramide vorstellen: Papst - Kardinäle - Bischöfe - Priester - Gläubige. Die katholische Messfeier spricht alle Sinne an: Es gibt Bilder von Maria und den Heiligen, das Ewige Licht u.a.; der Priester trägt ein festliches Gewand. Es riecht (bei großen Festen) nach Weihrauch. Beim Betreten der Kirche bekreuzigen sich die Gläubigen. Sie verneigen sich vor dem Altar. Sie knien zum Gebet.

Martin Luther: Reformator, 1483–1546. Nimmt Anstoß an Lebensformen der Kirche. Seine Kritik wird vom Papst nicht geduldet. Luther wird exkommuniziert (aus der Kirche ausgeschlossen). Sogar sein Leben ist in Gefahr. Er hat aber mächtige Freunde. Sein Protest geht nicht unter, es entsteht eine neue Kirche: evangelisch/protestantisch.

Luther hält es für falsch, dass nur Priester in der Bibel lesen und den Menschen sagen, was sie glauben sollen. Luther will, dass jeder sich selbst ein Bild machen kann. Er übersetzt die Bibel ins Deutsche. Er hält es für falsch, den Gläubigen Angst vor dem Fegefeuer zu machen und ihnen dann einzureden, sie könnten sich freikaufen (durch Spenden an die Kirche – Ablass). Er hält es für falsch, die Menschen in dem Glauben zu lassen, sie könnten durch gute Taten sich selbst bei Gott „lieb Kind" machen.

© Reli – Schlag nach, Göttingen 2008

Die Kirchen und Konfessionen – mit deinen Worten ...

In der einen Kirche gibt's Brot und Wein, in der anderen nur Brot. Aber die Leute knicksen und knien und bekreuzigen sich. Wieso ist das alles so unterschiedlich? Was ist denn nun christlich?

Anne besucht ihren Großvater, einen Pfarrer im Ruhestand. Er will ihr die Kirchen seiner Stadt zeigen. „Was zuerst?", fragt Opa. „Evangelisch oder katholisch?" Anne antwortet rasch. „Evangelisch kenn ich", sagt sie. „Also lieber katholisch."

Als sie in die katholische Kirche kommen, ist eine alte Frau vor ihnen. Am Eingang taucht sie ihre Finger in ein Becken und macht ein Kreuzzeichen. „Wasser?", fragt Anne. „Geweihtes Wasser", erklärt ihr Opa. „Katholische Christen bekreuzigen sich damit, wenn sie in die Kirche kommen und wenn sie wieder hinausgehen. Sie erinnern sich an ihre Taufe und daran, dass sie zu Jesus Christus gehören. Sie sagen oder denken dabei: ‚Im Namen des Vaters und des Sohnes und des Heiligen Geistes'. So wird man auch getauft, evangelisch wie katholisch."

„Schau mal", flüstert Anne, „jetzt knickst die Frau dort im Gang. Jetzt setzt sie sich." „Sie macht eine Kniebeuge, um zu zeigen, dass sie Gott verehrt. Zudem ist dort der Tabernakel. Siehst du den verzierten ‚Kasten'? Darin werden die geweihten Hostien, die gesegneten Oblaten, für die Eucharistie aufbewahrt. Die Katholiken glauben, dass bei der Eucharistie das Brot oder die Oblaten der Leib Christi und der Wein das Blut Christi werden. Dann ist Jesus leibhaftig gegenwärtig in der Kirche – Grund genug für einen Knicks, meinst du nicht? Siehst du die Öllampe mit rotem Glas? Das ist das Ewige Licht. Es zeigt die ständige Gegenwart des Herrn in der Eucharistie."

„Opa, was sind denn das für Schränke in der Kirche?" „Das sind keine Schränke." Ihr Opa lacht leise. „Das sind Beichtstühle. Da kann man dem Priester alles sagen, was einem das Herz schwer macht. Eine Trennwand verhindert, dass er den Beichtenden sieht. Am Ende sagt er: ‚Ich spreche dich von deiner Schuld los.' – so wie Jesus es früher getan hat."

„Darf ich nach vorne gehen?", fragt Anne. „Natürlich!", sagt ihr Opa. „Aber leise!" Vorne entdeckt Anne eine Marienstatue mit Kerzen davor. „Die Katholiken verehren Maria besonders, weil sie die Mutter Jesu ist. Wenn sie Bitten haben, zum Beispiel für kranke Verwandte, dann zünden sie eine Kerze an und beten vor der Statue. – Hast du schon mal auf den Altar geachtet? Siehst du da das Kästchen hinter der Glasscheibe? Da sind Reliquien, also Knochen, Gegenstände oder Teile der Kleidung einer oder eines Heiligen drin."

Als der Opa vorschlägt, die Kirche zu verlassen, will Anne noch etwas bleiben.

„Es soll wirken", sagt sie.

© Birgit Rump, in: Religion entdecken, verstehen, gestalten 5/6

Anne und ihr Opa machen sich auf den Weg zur evangelischen Kirche. Dort müssen sie beim Küster klingeln, denn evangelische Kirchen sind manchmal nicht geöffnet. Der Küster lässt den ehemaligen Pfarrer natürlich gern in die Kirche. Hier treffen Anne und ihr Opa keine Gläubigen.

„Na, Anne, fallen dir Unterschiede zur katholischen Kirche auf?", fragt der Opa. Anne überlegt, wie sie es sagen soll. „Hier ist es schlichter", meint sie schließlich. „Es fehlen die Statuen, das Ewige Licht, die Bilder." Sie geht weiter. „Dafür gibt es eine Kanzel!", fällt ihr auf. Opa nickt ihr zu. „Stimmt", sagt er. „Die ist für uns ganz wichtig. Die Predigt ist das Wichtigste in einem evangelischen Gottesdienst. Das geht auf Martin Luther zurück!"

„Luther", sagt Anne. „Hatten wir schon." Sie denkt an die Religionsstunde zum vergangenen Reformationstag. „Warum haben wir denn keinen Tabernakel?", fragt sie, stolz darauf, sich das Wort für den Hostienschrein gemerkt zu haben. „Wir feiern doch auch Abendmahl." Opa stimmt zu. „Mit Brot <u>und</u> Wein", betont er. „Aber wir glauben nicht, dass die Hostien auch nach dem Abendmahl noch Christi Leib sind. Darum müssen wir sie nicht besonders verehren."

Anne überlegt. Das mit dem Abendmahl hat sie noch nie richtig verstanden. „Was passiert beim Abendmahl, Opa?" Sie findet, es ist eine gute Gelegenheit, nachzufragen. „Wenn wir Abendmahl feiern, ist Jesus mitten unter uns", sagt Opa. „Kennst du das Lied: ‚Wo zwei oder drei in meinem Namen versammelt sind?'" Anne nickt und fängt zu summen an.

© Birgit Rump, in: Religion entdecken, verstehen, gestalten 5/6

Wo zwei oder drei in meinem Namen versammelt sind,
da bin ich mitten unter ihnen.

Evangelium nach Matthäus 18,20

Station 16: So setzen Christen sich ein

M 16.1: Lies die Geschichte vom Barmherzigen Samariter; kläre die Begriffe: Diakonie, Levit, Priester, Samariter (Fachbegriffe-Kartei).

M 16.2: Überlege, welche Person du sein möchtest. Schreibe die Geschichte aus der Sicht dieser Person auf und äußere dabei auch deine Meinung über die anderen.

M 16.3: Lies das Info-Blatt und unterstreiche, was die vorgestellten Persönlichkeiten gemeinsam haben.

M 16.4: Zeichne eine Tabelle in dein Heft mit: Name, Projekt, Lebensweisheit, Meine Meinung. Trage die wichtigsten Informationen ein (nimm ein Din-A4-Blatt quer; du brauchst so viel Platz).

Christen ist es wichtig, anderen Menschen zu helfen und in schwierigen Situationen beizustehen. Solche Hilfe nennen sie „Diakonie". Dabei lassen sie sich von folgender Geschichte leiten, die Jesus erzählte:

Es war ein Mensch, der ging von Jerusalem nach Jericho. Unterwegs wurde er von Räubern überfallen; die schlugen ihn nieder, raubten ihm seine Sachen und ließen ihn halb tot liegen.

Da kam ein Priester die Straße entlang; und als er den Menschen liegen sah, ging er vorüber. Kurze Zeit später zog ein Levit an dieser Stelle vorbei: Auch er sah ihn liegen, ging aber ebenfalls schnell weiter.

Da kam ein Samariter, der auf der Heimreise war; und als er ihn sah, verspürte er Mitleid in seinem Herzen; und er ging zu ihm, reinigte seine Wunden und verband sie ihm, hob ihn auf sein Tier und brachte ihn zur nächsten Unterkunft. Dort pflegte er ihn.

Am nächsten Tag nahm er ausreichend Geld, gab es dem Wirt und sprach: Pflege ihn; und wenn du mehr ausgibst, will ich dir's bezahlen, wenn ich wiederkomme. Wer von diesen dreien hat wohl seine Mitmenschlichkeit gezeigt? ... So geh hin und mach es auch so.

Nach Lukas 10

Aus der Sicht des ... – Rollenkarten   M 16.2

Räuber	Mann	Levit
Wir haben keine Wahl. Wenn wir keine Arbeit finden, um uns zu ernähren, dann müssen wir eben ...	Ich hätte es wissen müssen! Die Straßen sind einfach nicht mehr sicher. Aber ...	Ich tue Dienst im Tempel. Dazu muss ich pünktlich sein. Das ist das Wichtigste überhaupt ...
Priester	Samariter	Wirt
Ich tue Dienst im Tempel. Dazu muss ich rein sein. Das ist das Wichtigste überhaupt ...	Ich weiß ja, dass die Juden mich verachten. Aber wenn da einer liegt und ...	So etwas habe ich noch nicht erlebt: Bringt mir der Mann einen Halbtoten und sagt ...

Johann Hinrich Wichern (1832–1881): Wichern gründete 1833 ein „Rettungsdorf" für Hamburger Waisenkinder. Dabei ging es ihm nicht nur um Unterkunft und Verpflegung. Vor allem sollten die Kinder einen Schulabschluss erlangen und einen Beruf erlernen. 1839 erfand er für seine Waisenkinder den Adventskranz.

Eine Lebensweisheit: „Jesus spricht: Wer ein Kind aufnimmt, der nimmt mich auf."

Henry Dunant (1828–1910): Am 24. Juni 1859 wird Dunant Zeuge der Schlacht bei Solferino/Italien. Der Anblick der vielen toten, sterbenden und verwundeten Soldaten erschüttert ihn tief. Schnell organisiert er Hilfe. In den folgenden Jahren betreibt er die Gründung eines internationalen Hilfswerkes, die Rotkreuzgesellschaft. Hier werden später Grundlagen für die internationalen Menschenrechte gelegt.

Eine Lebensweisheit: „Menschlich zu handeln, sich gegenüber anderen Menschen menschlich zu erleben, das ist das größte Abenteuer, auf das du dich einlassen kannst."

Hermann Gmeiner (1919–1986): Während des Zweiten Weltkrieges wurde Gmeiner durch einen russischen Jungen aus einer lebensbedrohlichen Situation gerettet. Als nach dem Krieg viele Kriegswaisen in Österreich unterwegs waren, wurde er an seine eigene Rettung erinnert. Für diese Kinder wollte er etwas tun. Gemeinsam mit einem katholischen Pfarrer gründete er die SOS-Kinderdörfer.

Eine Lebensweisheit: „Alle unsere Bemühungen um das im Stich gelassene, hilflose Kind müssen als ein Beitrag zum Frieden in der Welt verstanden werden."

Vera Bohle (geb. 1969): Während einer Afrikareise traf Bohle Kinder und Erwachsene, denen durch Minen Hände, Arme, Beine und Füße abgerissen worden waren. Als sie wieder in Deutschland war, gab sie ihren Traumberuf als Fernsehredakteurin auf und wurde Minensucherin. Seitdem ist Vera Bohle bei Minenräumungseinsätzen in der ganzen Welt unterwegs und versucht, Politiker und Militärs vom Einsatz von Minen abzuhalten.

Eine Lebensweisheit: „Nur berichten war mir nicht genug, ich wollte die Situation der Menschen verbessern."

Fachbegriffe-Kartei Christentum

In der **Bergpredigt** erklärt Jesus, wie er die Gebote versteht. Sprüche und Reden Jesu wurden von den Evangelisten Matthäus und Lukas gesammelt, geordnet und teilweise bearbeitet. Sie haben ihren Namen nach der Einleitung von Matthäus erhalten, die so beginnt: „Als er aber das Volk sah, ging er auf einen Berg und setzte sich; und seine Jünger traten zu ihm."

Christus ist die griechische Bezeichnung für eine religiöse Rettergestalt. Wörtlich übersetzt bedeutet Christus „der zum König Gesalbte". Wer einen solchen Titel erhält oder trägt, nimmt für sich eine Königswürde in Anspruch.

Diakonie bedeutet wörtlich „Dienst". Im Christentum wird darunter einerseits das Bemühen um den Mitmenschen verstanden. Andererseits bezeichnet es eine Einrichtung der evangelischen Kirche, die das soziale Engagement organisiert. Die Diakonie ist einer der größten Arbeitgeber in Deutschland. Die Einrichtung der katholischen Kirche heißt Caritas (Liebe).

Ein **Evangelist** ist ein Sammler von Reden und Geschichten von und über Jesus. Er schreibt sein **Evangelium**, um seiner Gemeinde wichtige religiöse Erkenntnisse und Lehren zu erhalten. Die Bibel kennt vier Evangelien: Das Evangelium nach Matthäus, nach Markus, nach Lukas und nach Johannes. Spätere Evangelien wurden nicht mehr in die Bibel aufgenommen.

Jesus ist im antiken Judentum ein gebräuchlicher männlicher Vorname. Familiennamen waren nicht üblich. Wörtlich übersetzt bedeutet Jesus: „Gott hilft". Im Christentum ist damit immer der Religionsstifter Jesus von Nazareth gemeint. Bildet man von Jesus den Genitiv, sagt man „Jesu", z.B. Jesu Jünger.

Hinter dem Stichwort **Konfession** steht im Ausweis z.B. „römisch-katholisch" oder „evangelisch-lutherisch". Konfessionen sind besondere Ausprägungen des Christentums. Sie sind geschichtlich gewachsen, besonders seit der durch Martin Luther ausgelösten Reformation. Jenseits der Unterschiede gibt es viel Verbindendes, so das Vaterunser und die Bibel.

Leviten waren Diener am Jerusalemer Tempel. Sie erledigten Hilfsdienste für die Priester. Wenn sie mit Verletzten oder Toten in Berührung kamen, galten sie als unrein und konnten ihren Tempeldienst nicht wahrnehmen.

Passion heißt wörtlich übersetzt „Leiden". In der vierzigtägigen **Passionszeit** vor Ostern erinnern sich die Christen an das Leiden und Sterben Jesu. Manche versuchen durch bewusstes Verzichten dieses Leiden nachzuempfinden.

Priester versahen ihren Dienst im Tempel von Jerusalem und waren angesehene Leute. Wenn sie mit Verletzten oder Toten in Berührung kamen, galten sie als unrein und konnten ihren Tempeldienst nicht wahrnehmen.

In der Bibel werden diejenigen **Propheten** genannt, die im Auftrag Gottes die Menschen auf politische und soziale Missstände und Ungerechtigkeiten hinweisen. Jesaja, Jeremia, Jona und Elia sind einige von ihnen. Häufig werden sie für ihre Reden verfolgt, manche auch getötet. Im Neuen Testament wird auch Jesus als „Prophet" bezeichnet.

Psalmen sind alte biblische Lieder, die im Buch „Der Psalter" zu lesen sind. Manche Psalmen haben noch eine Melodieangabe, aber wie diese Lieder klangen, weiß man nicht, denn Noten sind nicht erhalten.

Samariter heißen in der Bibel die Bewohner Nordisraels, die sich religiös ebenfalls an der Tora orientierten. Sie besaßen ein eigenes Heiligtum auf dem Berg Karmel. Sie wurden von den strenggläubigen Juden für unrein gehalten und deshalb verachtet.

Taufe ist ein Sakrament (heiliges Zeichen). Durch die Taufe wird jemand in die Gemeinschaft der Christen aufgenommen. In der Taufe sagt Gott „ja" zu einem Menschen und begründet eine persönliche Beziehung. Daher sind Namensnennung und Wasser (Zeichen für Reinigung und Neubeginn) wichtige Elemente der Taufe.

Tora nennt man allgemein die Sammlung der heiligen Schriften des Judentums. Speziell wird diese Bezeichnung für die fünf Bücher Mose verwendet. Wörtlich übersetzt bedeutet Tora „Weisung".

Die **Wintersonnenwende** bezeichnet den kürzesten Tag des Jahres. In vorchristlicher Zeit wurde an diesem Tag das Ende des Winters und das baldige Wiedererwachen der Natur gefeiert. Aus diesem Grund konnte die Wintersonnenwende leicht mit dem christlichen Weihnachtsfest verbunden werden.

Die **Zehn Gebote**, auch **Dekalog** („Zehnwort", von griech. deka = zehn und logos = Wort) sind eine Zusammenstellung von Grundregeln des menschlichen Verhaltens im Alten Testament. Sie gelten im Judentum und Christentum als zentrale Weisungen Gottes.